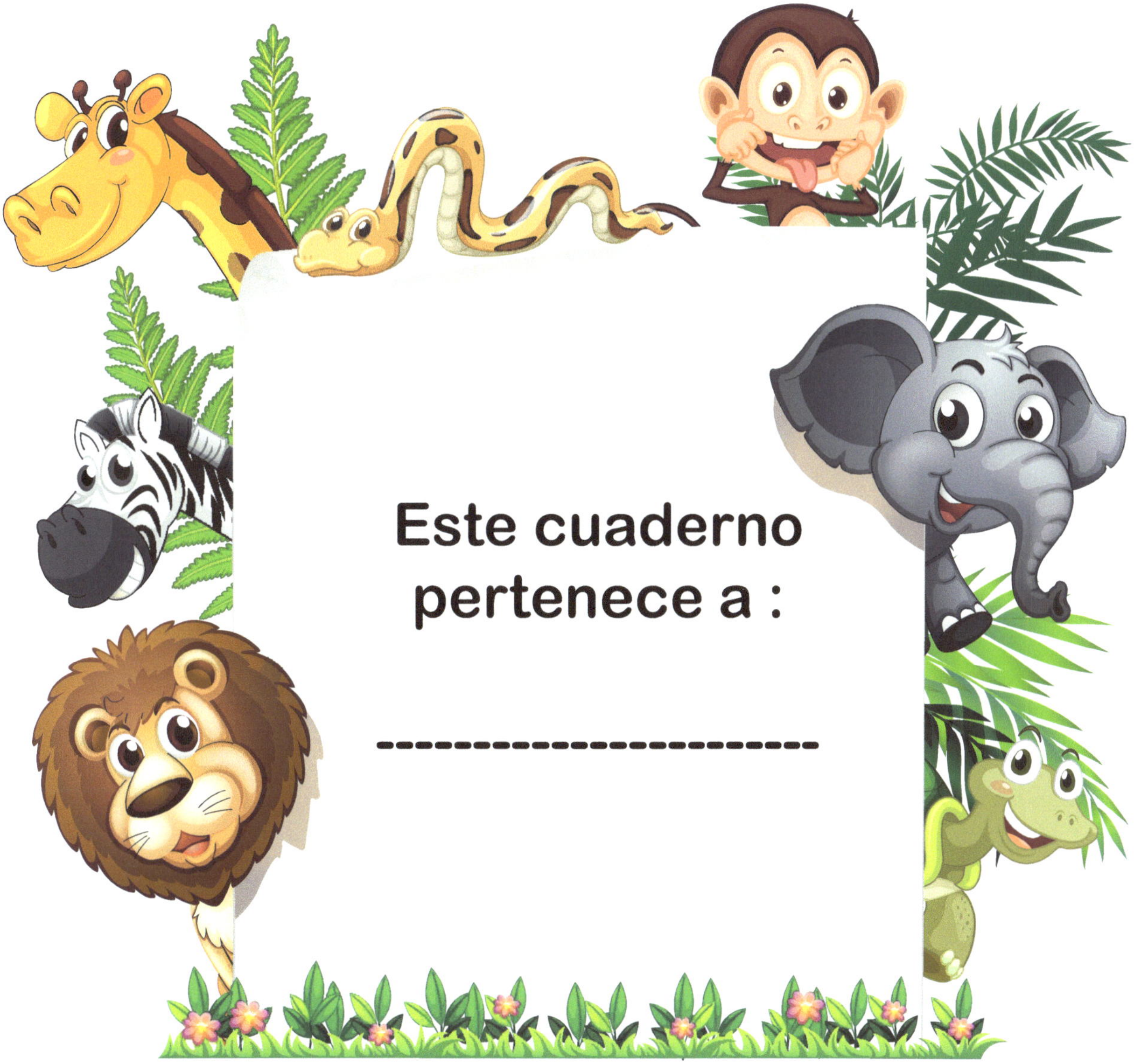

Este cuaderno pertenece a :

¡Combina las mitades!

¡Vuelve a las líneas!

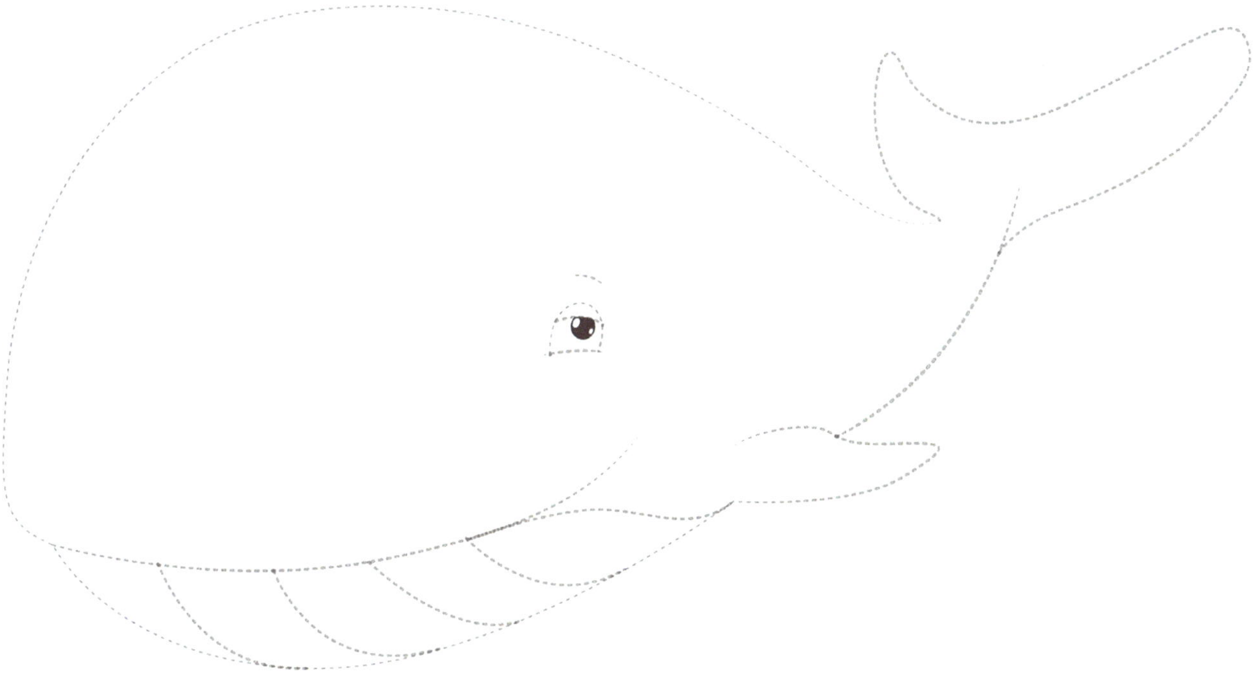

¡Ayuda al mono a encontrar sus plátanos!

¡Circula la respuesta correcta!

¡Cuenta los zorros que van a la izquierda y los que van a la derecha!

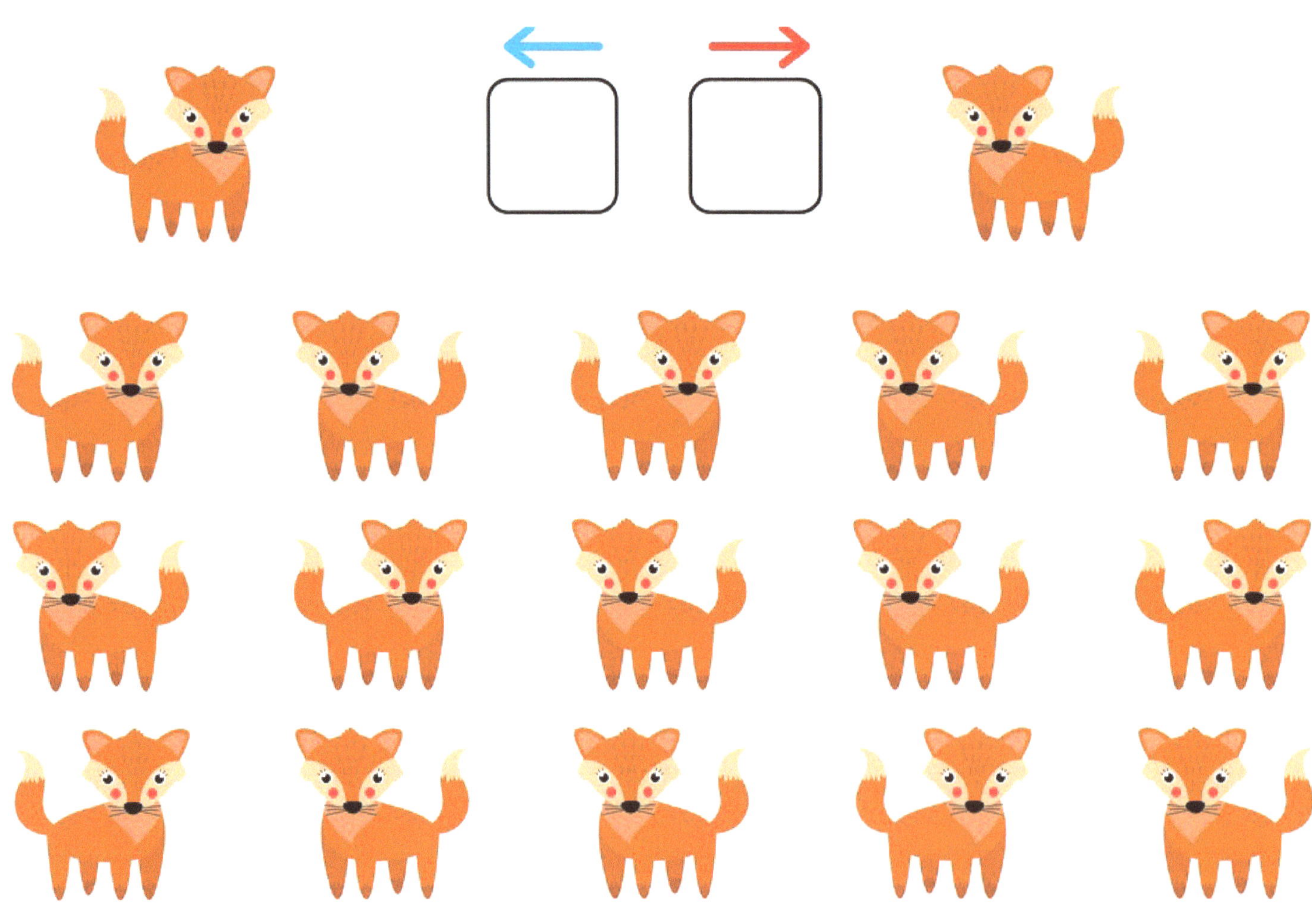

¡Conecta las sombras!

Relie les ombres !

¡Conecta los puntos!

¡ENCUENTRA
AL INSTRUS!

¡Color como en la foto!

¡Vuelve a las líneas!

¡Cuenta los animales!

¡Laberintos!

¡Colorea como quieras!

¡Cuenta los elefantes que van a la izquierda y los que van a la derecha!

¡Vuelve a las líneas!

¡Cuenta los animales!

¡Conecta los puntos!

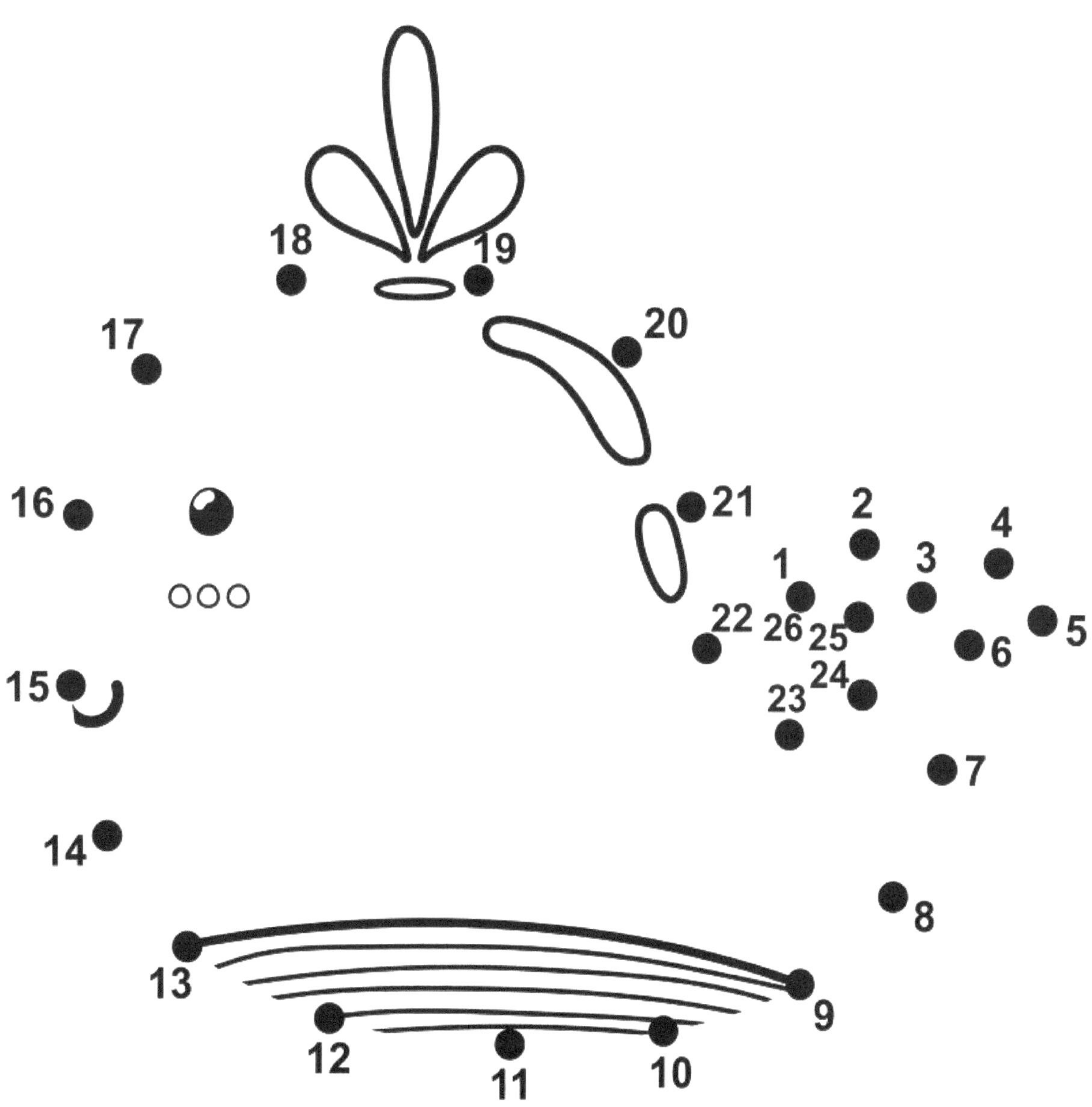

¡Conecta a los animales con sus sombras!

¡Rodeen a los animales que se parecen!

¡Vuelve a las líneas!

¡Las 7 diferencias!

¡Conecta los puntos!

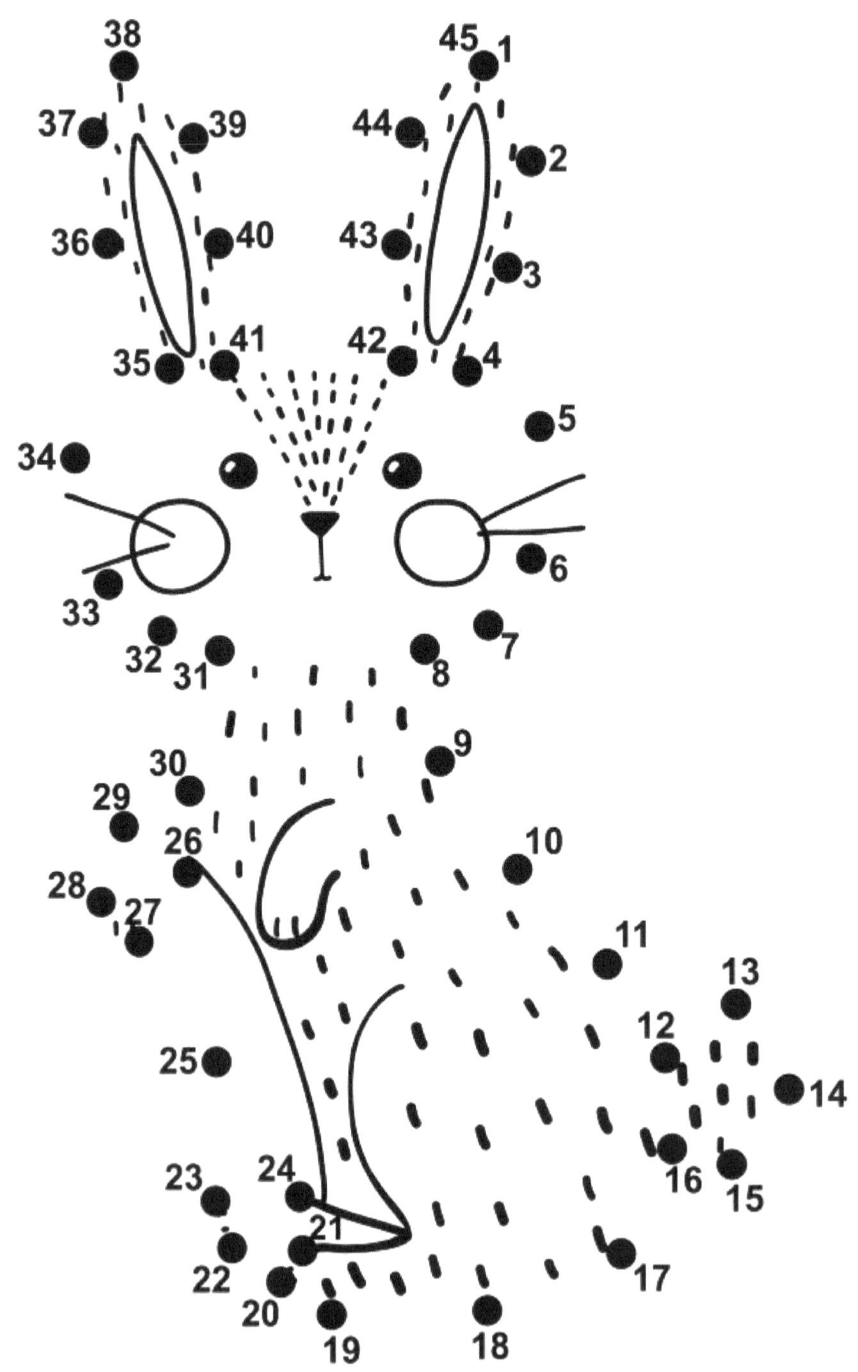

¡Conecta a los animales con sus sombras!

¡Sigue el camino!

¡Ayuda a los bichos a encontrar su camino de regreso!

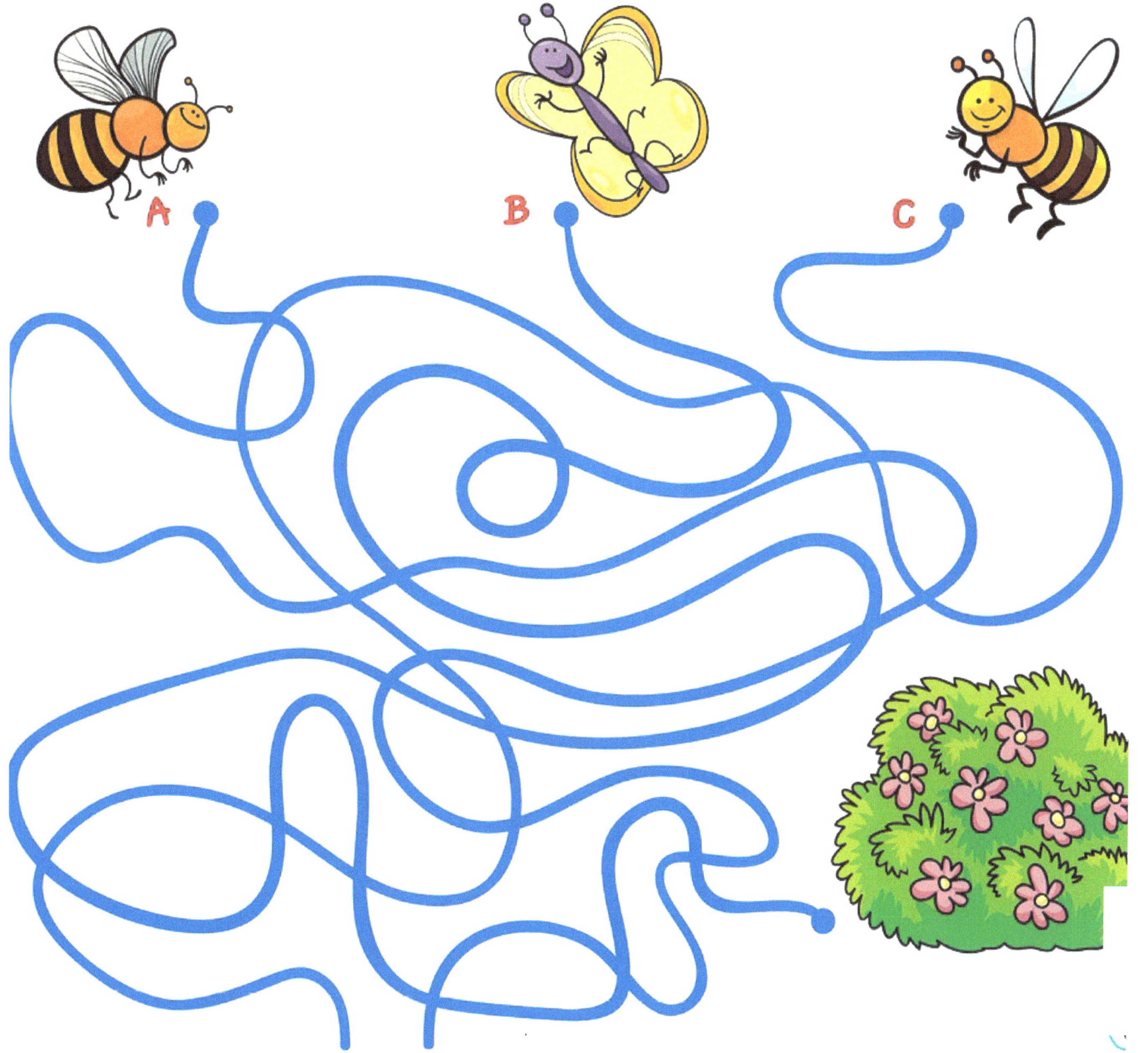

¡Conecta los puntos!

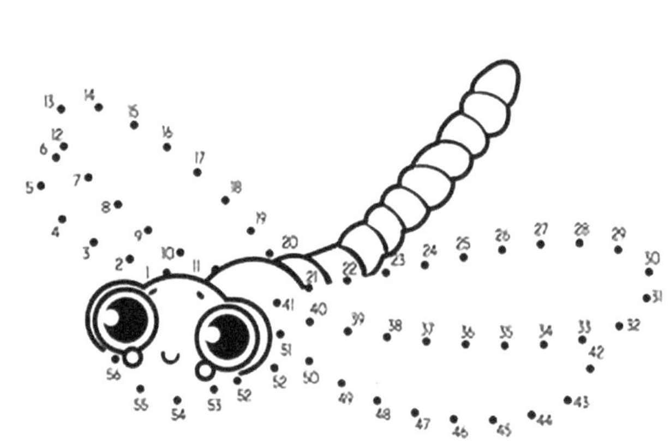

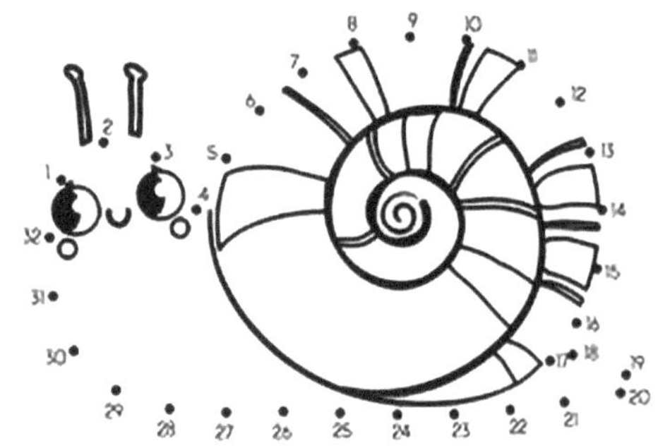

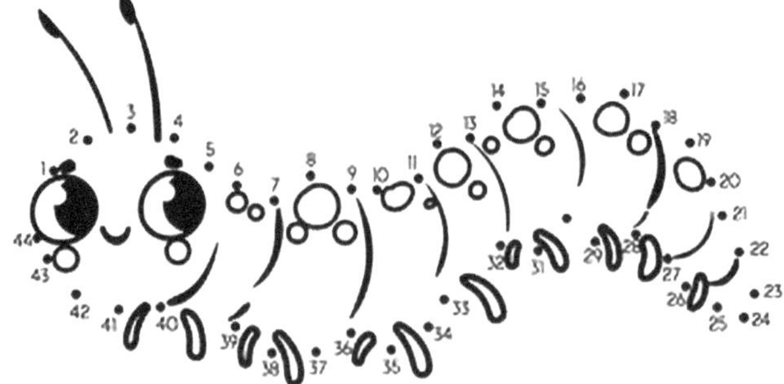

¡Encuentra la sombra de la mariquita!

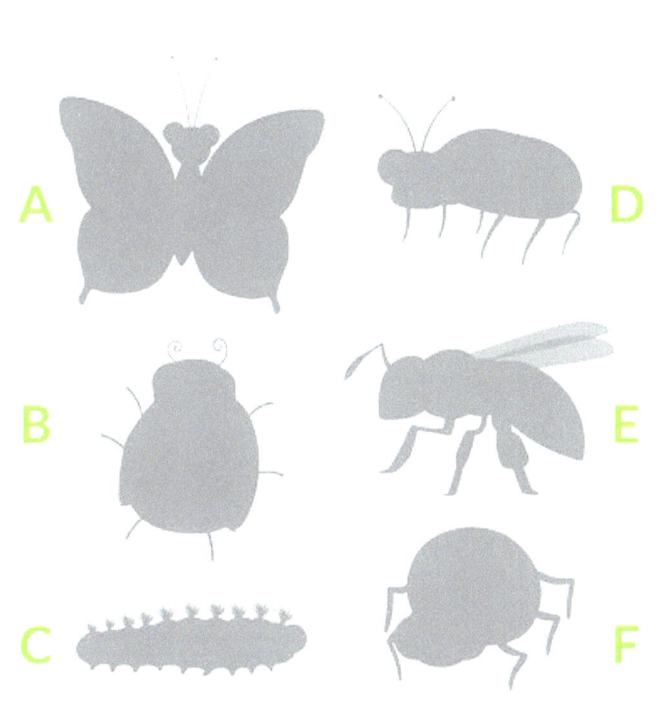

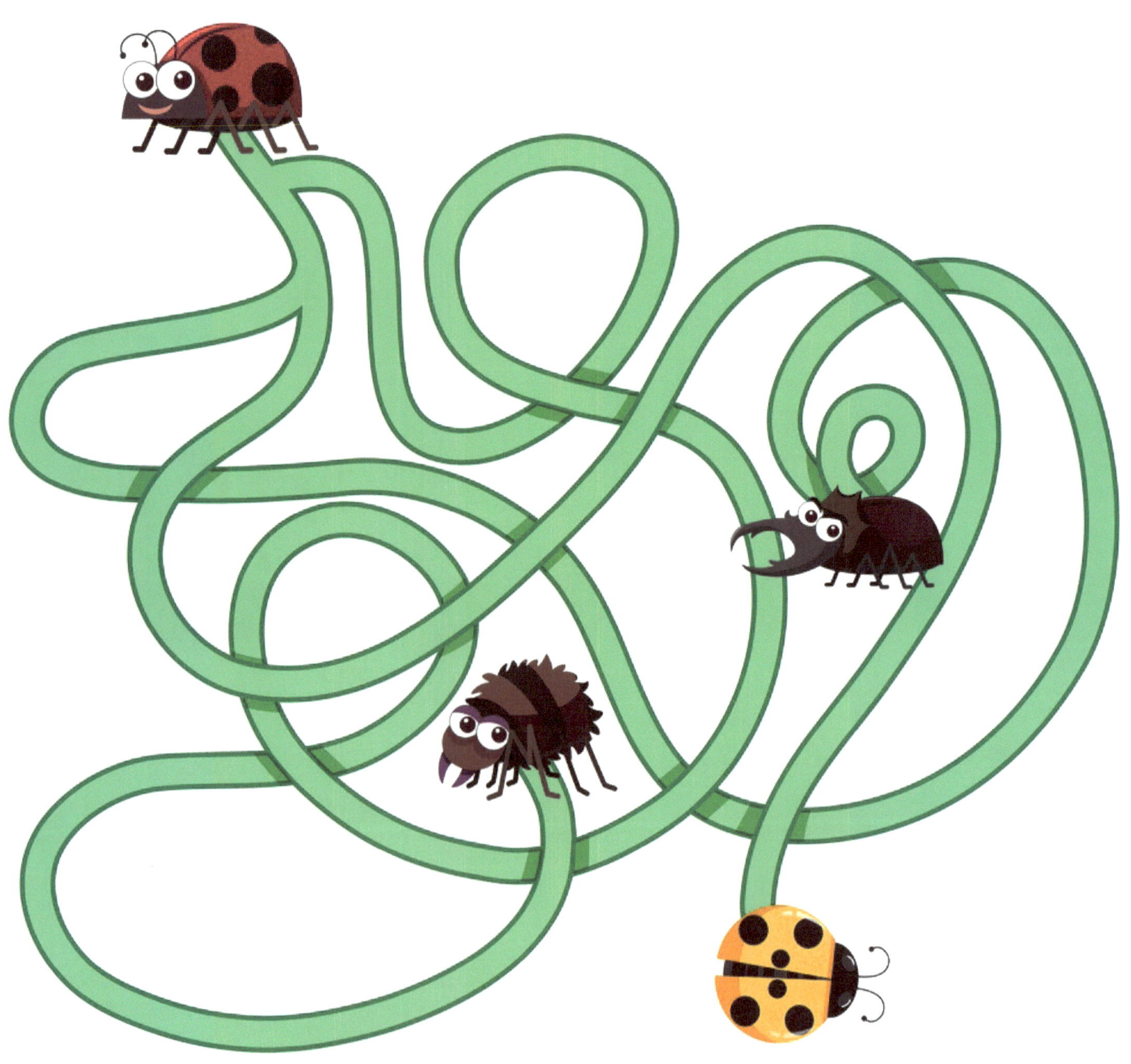

¡Colorea la cebra!

¡Cuenta los animales!

¡Las 7 diferencias!

¡Colorear la abeja!